PICU

Eine schamanische Geschichte für Kinder

Von CAROLA CASTILLO
&
ANDREA TABOADA C. | LILIAN CASTILLO B.
Ins Deutsche übersetzt von Leo, Insa, Florian und Felix den Hollander

Illustriert von JOHANNA BOCCARDO

© 2015 Carola Castillo
Alle Rechte vorbehalten, einschließlich des Buches oder Teile daraus in irgendeiner Form zu reproduzieren. Für Informationen:
books@carolacastillo.com

ISBN 978-1-943083-10-7
ISBN 978-1-943083-11-4 (ebook)

www.carolacastillo.com

Wir widmen dieses Buch
den Kindern und ihren Großeltern.

Einst, vor langer Zeit lebte ein kleines Mädchen namens Picu. Sie liebte es, barfuß in meinen Wäldern zu laufen und das Leben der Natur zu spüren, das ich verschenke.

Sie verletzte sowohl die Rinde meiner Bäume als auch meine Lieblingsvögel.
Das machte mich sehr traurig.

Eines Morgens, als Picu wie immer durch den Wald trollte, warf sie Steine auf die Früchte, die noch nicht reif genug zum Essen waren. Somit konnten auch alle anderen Lebewesen in meinen Wäldern nicht davon essen.

An diesem Morgen erwachte meine Wut. Ich wartete, bis sie in die Nähe des magischen Baumes gekommen war, und ließ zu ihrer Überraschung viele Blätter auf sie fallen.
Die Blätter wurden zu Flügeln, die sie in das Land flogen, woher sie kam, das sie aber längst vergessen hatte.

Von einem Augenblick zum anderen nahm ich sie in meine Winde und hob sie so hoch, dass sie alle meine Landschaften sehen konnte. Nach einer Weile war sie so tief berührt, dass sie müde wurde und in einen tiefen Schlummer fiel.

Als wir in dem Land ankamen, das sie einst kannte, fiel ihr wieder ein, was sie vergessen hatte. Sie begann über ihr Zuhause nachzudenken, über ihre Mutter, ihren Vater und ihre Freunde. Nachdem sie pausenlos in Kreisen umhergelaufen war, beruhigte sie sich und beschloss zu warten, bis jemand sie finden würde.

Viele Stunden vergingen, und ich begann, ihr nach und nach die Nacht mit seinen Sternen zu zeigen.

Picu wurde sehr hungrig und durstig. Nach und nach erschienen viele Leute hinter den Bäumen, die sie nicht kannte. Einige waren als Medizinmänner bekannt, andere waren ihre Vorfahren.

Sie schloss ihre Augen und begann ein Lied zu singen, das ihre Großmutter ihr beigebracht hatte, als sie klein war. Sie sang und sang, lauter und lauter, um sie um Hilfe zu bitten.

Plötzlich öffnete sie ihre Augen und konnte ihre Großmutter sehen, die von blauen Schmetterlingen umgeben war. Sie lächelten ihr alle zu. Sie sah auch, dass die Medizinmänner und ihre Vorfahren ein Feuer errichteten, die ganze Nacht durchtanzten und so voller Dankbarkeit mein Dasein feierten.

Picu war glücklich. Sie erkannte alle von ihnen, denn sie waren Teil der Geschichten ihrer Großmutter und ihrer eigenen Geschichte.

Auf einmal fühlte sie sich sehr traurig, sie erinnerte sich an all das Leid, das sie meinen Wäldern und Lebewesen angetan hatte. Die Großmutter nahm sie in ihre Arme und erzählte ihr in sanften Tönen: "Die Erde ist ein ganz besonderes Wesen, sie hat Wasser, Blumen, Nahrung und Medizin. All dies ist ein Geschenk für uns und für dich. Wir müssen gut für sie sorgen, so als ob sie eine wunderbare und weise Großmutter ist."

Bevor Picu in einen tiefen Schlaf fiel, hatte sie ihrer Großmutter versprochen, dass sie sich gut um mich kümmern wird. Bevor ihre Vorfahren sich verabschiedeten, legten sie unzählige Samen in ihre Taschen, sodass sie viele magische Bäume pflanzen konnte.

Ich hatte Picu eine Lehre erteilt, und jetzt schlief sie an dem gleichen Ort, an dem diese Geschichte begann.

Mit einem Mal hörte sie Geräusche, die aus dem Wald kamen, und sie erblickte ihre Freunde, die nach ihr suchten. Als sie Picu sahen, lachten sie, denn sie war in einem Blätterberg unter jenem Baum verborgen, von dem sie nicht wussten, dass er magisch war.

Picu strahlte sie an und war glücklich sie zu sehen. Sie erzählte ihnen auch, wie wichtig es ist, gut für Mutter Erde zu sorgen und warnte sie: Wenn sie es nicht täten, würde sie ihre Freunde zu ihren Vorfahren bringen, damit sie es lernen würden.

Am nächsten Tag spazierte Picu in den Blumenfeldern umher, und während sie die Lieder ihrer Großmutter für mich sang, schnupperte sie meine Düfte und probierte meine Früchte.

Ein Schmetterling ist immer bei ihr. Sie hat ihn von ihrer Großmutter bekommen, und er erinnert sie an ihr Versprechen, Sorge für diesen Planeten zu tragen.

Ich verschenke dauernd Schmetterlinge. Wenn du einen bei Dir fliegen siehst, bin ich es, die Dir Grüße sendet und Dir "Danke" sagt...

Mutter Erde

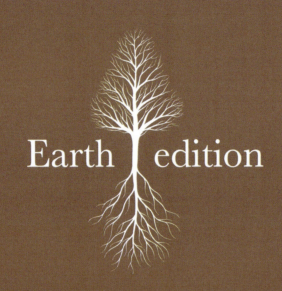

Printed in Poland
by Amazon Fulfillment
Poland Sp. z o.o., Wrocław